JN038756

学ぶ人は、
変えて
ゆく人だ。

目の前にある問題はもちろん、

人生の問いや、社会の課題を自ら見つけ、

挑み続けるために、人は学ぶ。

「学び」で、少しずつ世界は変えてゆける。

いつでも、どこでも、誰でも、

学ぶことができる世の中へ。

旺文社

学校では
教えてくれない
大切なこと 3

お金のこと

改訂版

マンガ・イラスト 関 和之

旺文社

はじめに

テストで100点を取ったらうれしいですね。先生も家族もほめてくれます。

でも、世の中のできごとは学校でのテストとは違って、正解が1つではなかったり、何が正解なのかが決められないことが多いのです。

「私はプレゼントには花が良いと思う」「ぼくは本が良いと思う」。どちらが正解ですか。どちらも正解。そして、どちらも不正解という場合もありますね。

山登りで仲間がケガをして動けない。こんなときは「動ける自分が方位磁石にしたがって降りてみる」「自分もこのまま動かずに救助を待つ」。どちらが正解でしょう。状況によって正解は変わります。命に関わることですから慎重に判断しなくてはなりません。

このように、100点にもなり0点にもなりえる問題が日々あふれているの

が世の中です。そこで自信をもって生きていくには、自分でとことん考え、そのときの自分にとっての正解が何かを判断していく力が必要になります。

本シリーズでは、自分のことや相手のことを知る大切さと、世の中のさまざまな仕組みがマンガで楽しく描かれています。読み終わったときには「考えるって楽しい！」「わかるってうれしい！」と思えるようになっているでしょう。

本書のテーマは「お金」です。みなさんのおこづかいは、おうちのかたが一生懸命に働いて得たものです。大切に使えていますか。お金は便利なものですが、いつでも手に入るものではありません。だからこそお金をめぐって危険な事件や悲しい争いごとも起こるのです。お金の便利なしくみを知って賢く使えるようになりましょう。そうすれば、お金はみなさんの可能性を広げ、きっと夢もかなえてくれますよ。

旺文社

3

もくじ

はじめに ……… 2
この本に登場する仲間たち ……… 6
人物関係図 ……… 8

1章 お金がほしい

おこづかいをもらおう！ ……… 10
お札をコピーでお金持ち？ ……… 14
他にもあるぞ！お札の秘密 ……… 18
貯金貯金ってそんなに大切？ ……… 20
お金の貸し借りはダメ！ ……… 24
家計簿には何を書いてる？ ……… 28
おこづかいどうやって使う？ ……… 32
お金に関することわざ ……… 36

2章 ほしいものを手に入れよう

お買い得なお店を探せ！ ……… 38
全部の商品を安くして！ ……… 42

プリペイドカードで買い物 ……… 48
クレジットカードで買い物 ……… 52
キャッシュレスで買い物 ……… 58
新しい買い物の形 ……… 62
お店に行かずに注文できる？ ……… 64

3章 知っておくとお得！ 町の金融機関

銀行のいろいろな役割 ……… 68
日本銀行ってえらいの？ ……… 72
ご利用は計画的に ……… 76
保険って何？ ……… 80
お札が破れた～！ ……… 84

4章 お金のことを知って、うまく使おう

貝がお金の代わりだった!? ……… 88
お金にまつわる漢字豆知識 ……… 92
日本のお金の歴史 ……… 94
今までにこんなお札がありました ……… 100

5章 お金と社会の関係は?

景気を何とかしたい❶ ……………124
景気を何とかしたい❷ ……………128
昔よりも値段が高くなっている!? ……………132
お金を生み出す株式会社 ……………134
海外では円が使えん? ……………138
関税って何だろう? ……………144
免税店とは…? ……………145

金のつく地名 ……………122
ぼくもお札になりたい! ……………118
百円玉が293億円分!? ……………117
五百円玉を守る偽造防止技術 ……………116
硬貨を傷つけると罰せられる!? ……………114
硬貨のひみつ ……………110
硬貨よりも紙幣がほしい! ……………106
なぜお正月にお年玉? ……………102

6章 大人になったら…

お金持ちになりたい ……………146
他にもあるぞ社会保障 ……………148
年金って何だ? ……………150
国も借金をしている! ……………158
教科書だってタダじゃない!? ……………162

知っているとお得!? 世界のお金事情 ……………166
お金にまつわる四字熟語 ……………168

エピローグ ……………172

スタッフ

● 編集協力
　有限会社マイプラン
　（近田伸夫）

● 装丁・本文デザイン
　木下春圭
　菅野祥恵（株式会社ウエイド）

● 装丁・本文イラスト
　関和之（株式会社ウエイド）

● 校正
　吉原あけみ
　株式会社アルパ
　株式会社ぷれす

● 写真協力
　アフロ
　国立印刷局
　独立行政法人 造幣局
　日本銀行
　日本銀行金融研究所貨幣博物館
　奈良文化財研究所
　ユニフォトプレス

本書は2024年7月を自処に発行開始される新しい紙幣を紹介しています。

する仲間たち

西園寺麗香（さいおんじれいか）
- 小学3年生（しょうがく ねんせい）
- お父さんがお医者さんでお金持ち（とう・いしゃ・かねも）
- やさしくておだやかな性格（せいかく）
- ちょっと天然（てんねん）

小金井貴史（こがねいたかふみ）
- 小学3年生（しょうがく ねんせい）
- お父さんが会社社長でお金持ち（とう・かいしゃしゃちょう・かねも）
- ちょっぴりナルシスト
- 意外に涙もろい（いがい・なみだ）

アフロ先生（本名 福沢勇希）

- 32才
- 本人は仕事をしていないが実家がお金持ち
- お金のことにとてもくわしい
- アフロヘアーの中にいつも何かかくしている
- 趣味はフィギュアを集めること
- 実はおばあちゃんっ子

樋口一代

- 小学3年生
- お金が好き
- 運動神経バツグン
- 明るくて友達が多い
- 趣味はおもしろいTシャツを集めること

野口英太

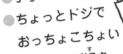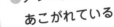

- 小学3年生
- ちょっとドジでおっちょこちょい
- サッカーが好き
- アフロ先生にあこがれている

ニャ〜

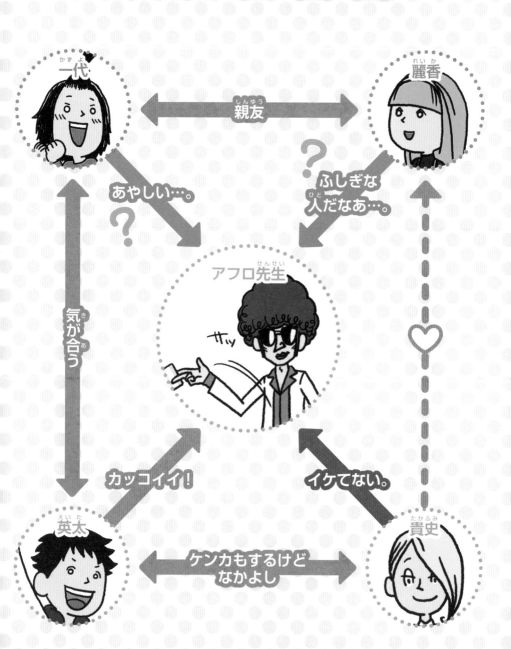

1章 お金がほしい

おこづかいをもらうためには？

① 口実をつくる

お願いします！

次のテストでいい点とるから！

れいかちゃんは3000円ももらってるの！

勉強がんばるからおこづかい上げて！

家のお手伝いもたくさんやります！

しゅうばらい出世払いで‼

宿題は帰ったらすぐやるから！

この通り！　　そこを何とか！

② タイミングをうかがう

キゲンが良さそうだ

チャーンス

今日はお給料日だからスキヤキにしようかしら♪

③ ひたすら媚びる

おかーさーんおかーさんいいじゃんいいじゃーん

ねーねーたのむよー

くね　　くね

よよよよ

だめっていわないで　　いやー

もっとラクできるヤツ教えてよー。

お手伝いとか教えてクダサイ…。

なめるな小娘…。

なにを…。

12

※偽造…にせものを作ること

14

通貨を偽造すると,こんな転落人生が…。

① お札をコピーする

刑法第148条
「通貨偽造罪」

禁止されてるぞ

② それを使う

まいどー

アイス下さい。

アイス

③ 見つかって タイホされる

そ、そんな…

来なさい!!

えぃだ…

ポイント

お札をコピーしたり,偽造したりすることは重罪だ。少なくとも3年以上は刑務所に入れられる。絶対にやってはダメだぞ。

偽造防止！
お札には, こんな技術が使われているよ。

パールインキ

かたむけると
ピンクに光ってる
ところがある！

すかし

あっ, うっすら
顔が見える！

せん像模様

すき入れバーパターン

角度を変えて
みると数字が
うかんでくる！

あっ, すかすと
棒が見える！

ポイント

これらはコピー機では再現できないようになっている。

16

お札にはこんな種類があるよ。

おもて	うら
一万円札 	
五千円札 	
二千円札 	
千円札 	

出典：国立印刷局ホームページより

他にもあるぞ！お札の秘密

お札は技術の結晶なんだ。

チェケラ～♪

えへ～♡

さわさわ

どれどれ？

見本

識別マーク

お札ごとに，ざらざらのマークが入っているぞ。マークをさわればその場所や形でお札の種類を判断できるのだ。

▲二千円札（表面の左下右下）

▲千円札（表面の左下右上）

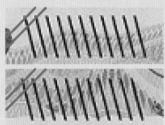

▲五千円札（表面の上下中央）

▲一万円札（表面の左右中央）

18

３Ｄホログラム※

一万円札と五千円札，千円札には，見る角度を変えると肖像の３Ｄ画像が回転する最先端のホログラムが使用されている。この技術がお札に使われるのは世界初なのだ。

▲一万円札

▲五千円札

▲千円札

※ホログラム…模様が光って見える立体的な画像のこと。コピーしても映らないので，ニセモノがつくられることを防げる。

出典：国立印刷局ホームページより

貯金をしていると…

ちゃりーん

貯金をしていないと…

新作のゲームが発売された!!

犬の野望2

貯金で買ったよ!

ゲット

キーーーッ!

ワイ ワイ

楽しい…!!

ワイ ワイ

みんな楽しそうだな…。

ポイント 貯金をしていると,本当にほしいものが買えたり,困っているときにお金が使えたりするぞ。

● 家の中での貯金の仕方

おうちの人に預ける

ポイント いつのまにか消えてしまうことがあるので，いくら預けたかは確認しておこう。

貯金箱でためる

● 家の外での貯金の仕方

ポイント 銀行や郵便局に預けるとちょっといいことがあるぞ！ それはまたのちほど…。

お金(かね)の貸(か)し借(か)りはダメ！

24

もしもお金を貸してと言われたら…

1 「おうちの人に貸しちゃダメと言われている」と言って断る。

2 それでもしつこく言われたら「おうちの人に聞いてみるね」と言ってみる。

3 あとは帰っておうちの人に相談しよう。

4 危険を感じた場合は例外だよ。お金を渡してしまったらおうちの人やおまわりさんに話そう。

金貸してくれ。

ポイント 友達にこんな思いをさせないためにも，もちろんお金は借りないこと‼

コイツ…。

今、持ってないからもう1週間待ってくれる？

あー返してくれたら、もういいよ。

小金井くん嫌な気持ちにさせてごめんね。

実は日常生活ってこんなにお金がかかっているのだ!!

お風呂に入る
➡水道代・ガス代

ゴクラク
ゴクラク

ごはんを食べる
➡食費

イタダキマス

部屋の電気をつける
➡電気代

家に住む
➡家賃

ポイント 実際にどれくらいのお金がかかっているかは，おうちの人に聞いてみよう。

そしてコレが…

お母さんは家計簿をつけて、やりくりしているんだね。

は母 &

↑コレ

やっぱりムリかも…。

ずぅぅぅん

オタオタ

ドゥルン

大公開
樋口家の家計簿だ!!

月ごとにまとめている。

日ごとに細かく書いてある。

出ていくお金

入ってくるお金
（主にパパ・ママのお給料）

4月

分類	合計
非消費支出(税金等)	59,857
消費支出	414,743
食料	69,300
住居（家賃）	120,401
光熱，水道	23,540
家具，家事用品	10,357
被服およびはき物	13,496
保険医療	11,613
交通，通信	50,219
教育	17,890
教養娯楽	30,445
交際費	9,416
その他	58,066

日付	内容	支出	収入	その他
4/1	食費	8,543		
4/2	食費	6,238		
4/2	電車代	230		
4/5	かずよ おこづかい	500		
4/6	食費	12,345		
4/10	水道代支払	13,200		
4/15	パパ給料		310,540	
4/15	ママ給料		160,235	

スーパー○○

スーパー○○
……………………

収入　　　　支出　　　　来月のくりこし

$$470,775 - 474,600 = -3,825$$

最後はどれだけかかったかを計算してまとめる。

買い物のときのレシートもはってある。

ポイント　ここがマイナスになっていることを赤字というんだ。かずちゃんの家は，ここが赤字だから，梅干し生活が続いているんだね。

自分にできる節約から始めよう！

暖ぼうの温度は上げすぎない
➡ ガス代・電気代ダウン

テレビは１日１時間
➡ 電気代ダウン

ものを大事に使う
➡ 日用品代ダウン

こまめに水を止める
➡ 水道代ダウン

さらにはせっかくもらったおこづかいもムダになる!!

そうならないために…。

おこづかいはルールを決めて使うべし!

① 本当に必要なものかどうか考えてから買おう

▶買う
買わない

う〜ん…

② 買う前にはまずおうちの人に相談しよう

みんなってだれよ
言ってみな

母

みんな持ってるからほしいんだ!!

③ おこづかいがどれだけ手元にあるかきちんと管理しよう

よいしょ

次は簡単におこづかいを管理する方法のしょうかいだ!

ひーふーみー

おこづかい帳のつけ方

1 ノートに定規で線を引こう。

2 一番上に項目を書こう。

3 お金を使ったり，もらったりしたときはその日のうちに書きこもう。

ここが項目

日付	内容	入ったお金	使ったお金	残ったお金
	先月の残り			1,200
5/2	れいかちゃんと買い物		250	950
5/5	おこづかいデー	500		1,450
5/6	おかし		50	1,400
5/6	まんが		412	988

市販のものを使うと便利だぞ

計算できないぃ…

"家計簿"に似てる

ポイント これだけ書いておけばOK。
①日付 ②内容 ③入った金額 ④使った金額 ⑤残った金額

発展 ほしいものリストを作ろう。

- ●ほしいものをリストアップしよう。
- ●手に入れたらチェックしよう。
- ●ほしくなくなったものには線を引いて消そう。

**本当に必要なものだけに
おこづかいを使える。**

今ほしいもの

☑ オカネンジャー

□ 3Dメガネ

□ 新しい
　サッカーボール

そんな君たちにおこづかいをもっともらえるようになる情報だ。

金運が上がる10分の1スケールアフロ君。今なら700円でお買い得!!

そんなダサいもん買わないよ。

ポーズが気持ち悪い。

こいつら…辛口だ…。

お金に関することわざ

早起きは三文の徳

朝早く起きるとよいことがある。

猫に小判

どんなに価値があっても，持つ人によっては何の役にも立たないこと。

さあ！ネコちゃん！！

今夜のおかず…

この小判をあげるから魚を返すんだ！！

とらぬたぬきの皮算用

手に入るかどうかわからないものを当てにして計画を考えること。

無いそではふれない

持ち合わせのお金がない状態。昔の人は着物のそでにお財布を入れていた。

金がものをいう

世の中のたいていのことはお金の力でなんとかなる。

悪銭身につかず

不当な手段で手に入れたお金は，手元に残らないものだ。

金は天下の回りもの

お金は人から人へわたっていくもので，使ってもまためぐってくる。

いつまでもあると思うな親と金

親と金はいずれなくなるもの。独立心をもって検約をしよう。

時は金なり

時間はお金と同じように大切なものだから，むだにしてはいけない。

地獄のさたも金次第

お金次第でなんとでもなること。

ジゴク行きね

お金あげます！！

天国

えんま

36

2章 ほしいものを 手に入れよう

コレが！　モノの値段の決まり方だっ！

① 原料のお金

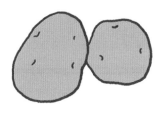

② 生産する人のお給料
工場を動かすお金

③ 運ぶお金

かんせい せいひん
完成した製品

④ 売る人のお給料など

いらっしゃいませ～

①～④の費用に
利益（もうけ）を
足したものが商品の
値段になる！

だけど!!
同じ商品でも
お店によって
値段がちがう
こともある～。

2つのお店を比べてみよう。

大型スーパーの場合

生産工場

↓

どっさり
スーパー専用

↓

どっさり
スーパー

一度にたくさん
運んだ方がかかる
費用も小さい。

コンビニエンスストアの場合

生産工場

↓

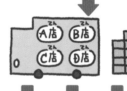
A店 B店
C店 D店

↓ ↓ ↓ ↓

A店 B店 C店 D店

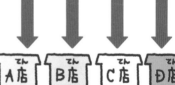

少しずついろいろな
お店に運ぶと
運送費がかかり
そうね～。

ポイント

商品は大量に仕入れた方が値段が安くなる。

全部の商品を安くして！

ICE CREAM
¥1000

Cool Biz USA
¥5000

う〜〜ん。

明らかに５０００円のTシャツの方がいい…。

だけど高い!!

もっと安くしなさいよ〜!!

そんなムチャなうちも商売ですから〜。

そこまでだ!! レディー。

みんなが幸せになるためには

なかなかそうはいかないぞ。

ていうか何だよのシャツ!?

なんでよ〜!!
私は全然幸せじゃな〜い!!

つくるのに
3,000円かかった商品を
1,000円で売る

これほしーい

つくるのに
800円かかった商品を
1,000円で売る

1枚2,000円の
損失

みんなよい商品
をほしがる。

1枚200円の
利益

30枚売れた
2,000円×30枚
＝60,000円の損失

5枚売れた
200円×5枚
＝1,000円の利益

店全体では損失60,000円，利益1,000円
つまり59,000円の大損！

店はつぶれてしまうかも…!!

つくるのに
3,000円かかった商品を
5,000円で売る

う〜〜ん

つくるのに
800円かかった商品を
1,000円で売る

1枚 2,000円の
利益

1枚 200円の
利益

それぞれの商品に,
買う人が分かれる。

5枚売れた
2,000円×5枚
= 10,000円の利益

30枚売れた
200円×30枚
= 6,000円の利益

店全体では16,000円の利益

どちらを買ってもみんながハッピー!!

2章 ほしいものを手に入れよう

買いたい人と商品のバランスによって，値段が変わる!?

値段が下がると

安くしとくよっ！

安いから買うわー

買いたい人が多くなる。

買いたい人が多いと

しめしめ高くしよう。

ほしぃわー

売りたい人はもうけたいので
値段を高くする。

買いたい人が少ないと

安くしないと売れないな。

ノーサンキュー

いらないわー

売れ残ると困るので
値段を安くする。

値段が上がると

いい品だよ！

うーん…

買いたい人が少なくなる。

例

価格が
1,000円
のとき
→
お店は商品を50コ用意
買いたい人は200人
→
商品150コ不足
買いたい人が困る

価格が
5,000円
のとき
→
お店は商品を200コ用意
買いたい人は50人
→
商品は150コあまる
お店が困る

価格が
3,000円
のとき
→
お店は商品を100コ用意
買いたい人は100人
→
よい感じに
落ち着く！

これが理想だな。

バランスが大事ってことね。

そういうことだ。

ところで "ゆ" って？

ゆうきの "ゆ" さ！

本名 福沢勇希くん

コレが有価証券だっ！

有価証券…お金と同じような価値のある券や書類のこと。

有価証券の例

商品券

商品券を使えるお店で記さいの金額分の現金と同じように使える。

プリペイドカード

先にお金をはらってプリペイドカードを買うことで，その金額分を現金と同じように使うことができる。図書カードなど買えるものが限られるものもある。

小切手

小切手に自分の名前や金額などを記さいして使う。小切手を受け取った人は，銀行でその金額のお金に換えることができる。

飛行機のチケット

電車の乗車券・回数券

コンサートのチケット

クーポン券・ポイントカード

ポイント

これらもサービスを受けたり，ものを買ったりできるので，有価証券の仲間なんだ。

50

2章 ほしいものを手に入れよう

クレジットカードのしくみ

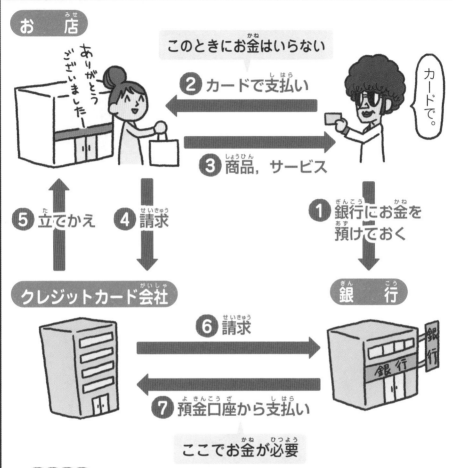

お店

このときにお金はいらない

❷ カードで支払い

カードで。

ありがとうございましたー

❸ 商品，サービス

❺ 立てかえ

❹ 請求

❶ 銀行にお金を預けておく

クレジットカード会社

銀行

❻ 請求

❼ 預金口座から支払い

ここでお金が必要

メリット

● クレジットカードを使えば，現金を持ち歩く必要がない。
● クレジットカード会社のポイントがたまり，次の買い物などに利用できる。

ポイント

クレジットっていうのは「信用」という意味だ。カードを作った人を「信用」して，クレジットカード会社がお金を立てかえてくれるカードなんだ。

2章 ほしいものを手に入れよう

クレジットカードを落としたり, とられたりして無くなったとき

すぐにクレジットカード会社に連らくしよう!

すいません。カード無くしたんですけど。

クレジットカード会社

了解!

クレジットカード会社がすぐにそのカードを使えないようにしてくれる。

なんで!? えっ!?

お客様このカードは使えませんよ。

そうか

それなら無くしても安心だね。やっぱりぼくもクレジットカードほしいなー。

待てい!

クレジットカードにはもっと大事な注意点がある!!

生命線長い(長生き)

56

クレジットカードを使うときの注意点！

キャッシュレスで買い物

キャッシュレス決済とは？

現金を使わずに電子マネーを使って買い物をすること。

スマホを使ったキャッシュレス決済の例

1 スマートフォンにキャッシュレス決済のアプリを入れる。

2 支払い方法を登録する。

- 現金を必要な分チャージする。
- 使っているクレジットカードを登録して，クレジットカードで支払う。
- 銀行口座を登録して，毎月まとめて引き落としする。
- 携帯電話の料金と一緒に支払う。

3 アプリを立ち上げ，画面に表示されるバーコードや二次元コードを見せる。

ポイント

商品の代金は **2** で決めた方法で支払われるぞ。

● 現金を持つ必要がなくなる。

キャッシュレス決済

現　金

● 会計が早くて楽になる。

キャッシュレス決済

現　金

スマホ決済以外のキャッシュレス決済

プリペイド カード	デビット カード	クレジット カード
➡あらかじめお金をチャージしておく	➡その場で銀行口座から引き落とされる。	➡後日、クレジットカード会社が銀行口座から引き落とす。

注意点もあるぞ！

キャッシュレス決済のここに注意！

● お金が見えなくなるので，いくら使ったかがわかりにくい。

キャッシュレス決済はまだ普及途中なので使えない店もあるぞ！

新しい買い物の形

電子マネーの普及などで買い物の形も変わってきたぞ。

サブスクリプション（サブスク）

毎月決められたお金を払うことで，商品やサービスなどが使い放題になるしくみのこと。いつでも登録・解約できる。ただし，商品やサービスを使っていなくても料金がかかるので注意。

セルフレジ

お客さんが自分で会計をすませることができるレジのこと。レジの待ち時間が短くなることが期待されているぞ。使い方がわからないときは近くの店員さんに聞こう。

デリバリーサービス

スマホのアプリなどで注文された商品（おもに食べ物）をお客さんのところへ届けるサービス。ネットで注文すると，自宅まで届けてくれるのでとても便利だが，もちろん配送料がかかるぞ。

もうすぐ こんな未来が来るかもよ

お店から商品を持って出るだけで支払いが完了

あっ！これほしい！

ピピッ

支払い完了！

ヴァーチャル空間で買い物

このお洋服買っちゃお！

かわいい

届いた！

通信販売を活用しよう

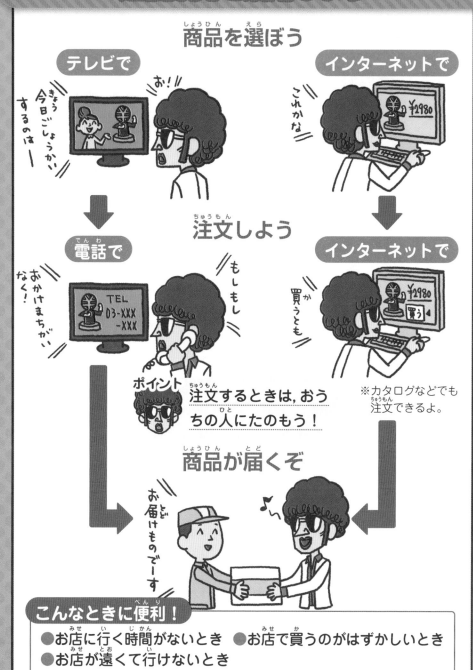

商品を選ぼう

テレビで
今日ごしょうかいするのは——
お！

インターネットで
これかな
¥2980

注文しよう

電話で
TEL 03-XXX-XXX
おかけまちがいなく！
もしもし

インターネットで
¥2980
買う
買うとも

ポイント 注文するときは, おうちの人にたのもう！

※カタログなどでも注文できるよ。

商品が届くぞ

お届けもので——す

こんなときに便利！
●お店に行く時間がないとき　●お店で買うのがはずかしいとき
●お店が遠くて行けないとき

数日後

その後、えいたは
お母さんにたのみ
オネガイシマス…

土下寝

フィギュアを
通信販売で注文
してもらった。

キター――ッ！！

通信販売を利用する時の注意点

● 実物を直接確認できないの
で，思っていたものとちがう
ものが届くことがある。

● 運ばれてくる間にこわれてし
まうことがある。

● お金を先に支払わせて商品を
送らない悪い業者もいる。

届くまで商品を
確認できないのが
通販のデメリットだな。

聞いてないが…

※こわれて届いたときは，返品することもできます。

3章

知っておくとお得！
町の金融機関

銀行の役割

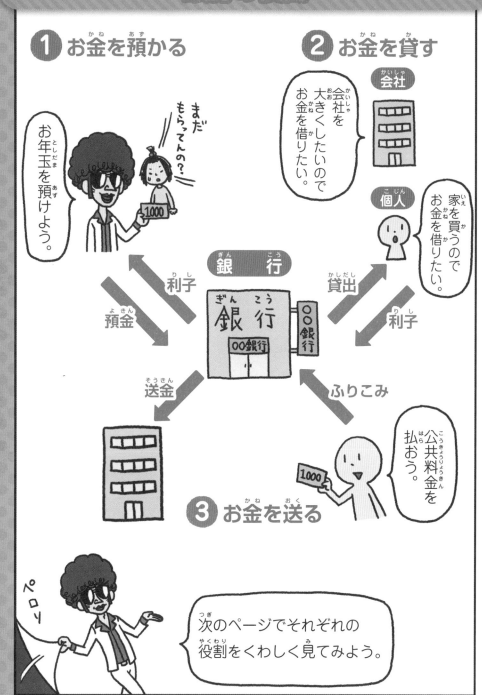

① お金を預かる

② お金を貸す

お年玉を預けよう。

まだもらってんの⁈

会社

会社を大きくしたいのでお金を借りたい。

個人

家を買うのでお金を借りたい。

利子

預金

銀行

貸出

利子

送金

ふりこみ

③ お金を送る

公共料金を払おう。

ペロリ

次のページでそれぞれの役割をくわしく見てみよう。

なんで銀行にお金を預けるの？

ちょっといいことがあるのさ〜。

銀行の役割
くわしく…

銀行の役割 ① お金を預かる

例 100万円預ける。

預かってください

はい

例 金利が年0.02%のとき1年間預けると100万200円になる。

なんにもしてないのに200円増えた。

金利が0.02%のとき

預金	1年間	10年間
100万円	100万200円	100万2,000円
150万円	150万300円	150万3,000円
200万円	200万400円	200万4,000円
⋮	⋮	⋮
500万円	500万1,000円	501万円

※長い期間に，たくさん預けるほど利子は高くなる。

ポイント お金の貸し借りにおいて，借りた側が貸した側に余分に支払うお金のことを利子という。

日本銀行の役割 ①　お札を発行する

国立印刷局

完成した
お札

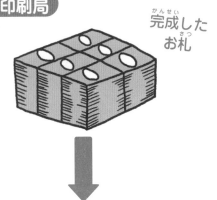

お札は国立印刷局
で印刷される。

金融機関

発行

ふつうの
銀行など

日本銀行

完成したお札は日本銀行
に運ばれる。

わーい

個人，会社
お店など

ポイント

完成したお札が世の中に出ると「発行」されたことになる。

日本銀行の役割 ② 銀行と取り引きをする

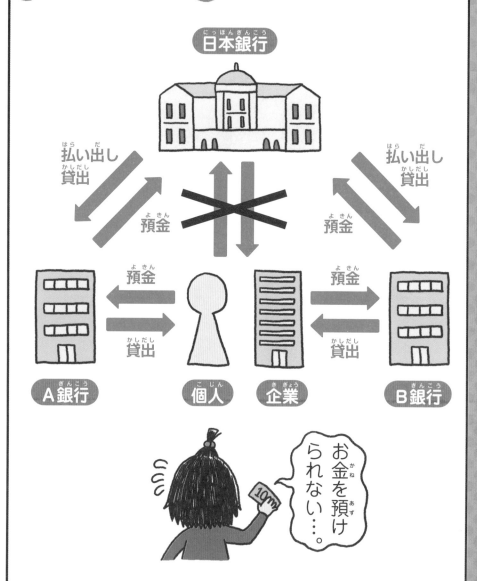

日本銀行の役割 ③ 政府と取り引きをする

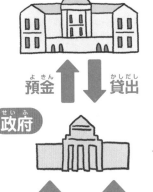

日本銀行

預金 ⇅ 貸出

公共事業

政府

税金 ↑ ↑ 税金

個人　　　　企業

お父さんやお母さんが納めている税金の管理をしているのね。

ポイント 日本銀行は政府の銀行という役割もある。一般の銀行にはない強い権力を持っているぞ。

おれに預けたらすぐに増やしてやるぜぇ〜〜？

まあまだお金を増やす手はある。

私たちには直接縁のないところなんだね…。

ご利用は計画的に

消費者金融について説明しよう。

銀行とちがい，お金を貸すことを専門としている金融機関

貸してくださーい。

はいどうぞ。

※貸し出しには審査があります。

銀行よりも審査が簡単で，すぐに貸してくれる。

もちろん借りたお金は利子をつけて返済しなければならない。

返済っと。

ATM

銀行よりも返済するときの利子（利息）が少し高い。

なんだかよくわからないけど
ぼくもおこづかいが
なくなってきてて…。

借りられませんかね？

お前…
将来が心配になるな…。

カチャッ…

簡単に借りられる
からと言って
何度も借りていたら…

ゲヘヘ…
いつも悪いねぇ

だから
「ご利用は
計画的に」
なんだ！

返済できなくて
大変なことに‼

借金まみれ

OH　No!

78

保険って何？

放課後

そういやアフロが入院したんだって。

ええっ!? それならみんなでお見舞いにいこうよ!

おちつきたまえよ

病院

やあ みんな すまないね。

こんなせまい個室があるんですね。

お金は大丈夫なのかい?

ああ 保険に入っているから大丈夫だ。

ほけん？

保険とは…？

① 事故や病気・火事など急にお金が必要になるときに備えて，みんなで少しずつお金を出し合う。

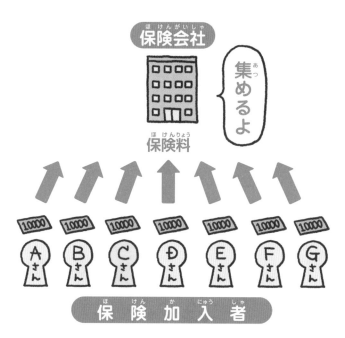

② 保険加入者が事故にあったり病気になったりしたときに，保険会社が保険金（入院費用・治療費など）を払ってくれる。

保険とは…？
つづき

保険会社   何もなかった人たち

    ← 保険料   →  ホッ

安心

ポイント 何もなかった場合は，保険金は支払われないけど，その場合は「何かあったときに困らない」という安心をもらっていることになるな。

いろいろある保険

自動車保険
車の事故による損害を保障

生命保険

終身保険・定期保険
死亡に際して必要な費用などを保障

火災保険
火事によるひ害を保障

など

医療保険
病気・ケガなどにかかる費用を保障

など

お札が破れた～！

84

お札が破れても大丈夫!?

3分の2以上
残っていれば
全額交換

全額交換

5分の2以上〜
3分の2未満
残っていれば
半額交換

半額交換

5分の2未満
は交換不可

交換できず

ポイント　お札がもし破れてしまったら銀行へ持って行こう!!　交換してくれるかもしれないぞ!!

よかった〜。

えいたのお金は全部残ってるから全額交換できるはずだ。

お札が古くなったら!?

日本銀行 古いお札は日本銀行に集められる。

古いお札

かん査室

つかえる　つかえない

使えるお札と使えないお札に分ける。

使えなくなったお札は切り刻まれ…

リサイクルまたは焼きゃく。

ただし！交換してもらえるからって

お札をそまつにするな！

お札はていねいにあつかえ!!

バーン

千円 1000

使いづらいわ!!

4章

お金のことを知って、うまく使おう

1 硬貨や紙幣が使われ始める前，人々は物々交換によってほしいものを手に入れていた。

2 しかし物々交換はおたがいがほしいものでないと交換できないのだ！

3 そこで登場したのが貝がらだ!!

貝がらは物々交換の仲立ちとして使われるようになった。当時のお金の役割をしていたんだ！
※この他，布や石なども使われることがあった。

しかしここで
ある問題が!!

貝がらがなければ
買い物できないし、

貝がらはこわれやすく
持ち運びも不便だ。

貝が
取れない…

そこで硬貨がつくられるようになった!!

こわれにくく，持ち運びしやすいように加工した
金属が硬貨として使われるようになったんだ

古代エジプトで
使われていたようだ

昔は重さをはかって，価値を調べていた。

ヨーロッパ

▲エレクトロン貨

中　国

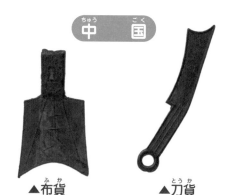

▲布貨

▲刀貨

さまざまな形の硬貨がつくられた。

90

金属だと重くて，
かさばるので不便！

紙に文字や
絵がらを印刷した
紙幣が誕生した。

もう持ち運ぶのに重くね？

かさばってジャマじゃね？

ド..........ッ

軽い！うすい！
すぐ作れる！

さら..........

さら..........

コインと紙は
同じ価値じゃ！

バ..........

1000

お..........

というわけで
貝がらにはとても
価値があったんだよ。

貝がらに
そんな秘密が…。

ってぼくの
カード返してよ。

現代で貝がらは
使えないよ！

あのカード
ゲームの中で
どのキャラが
好き？

無視
しないでよ。

お金にまつわる漢字豆知識

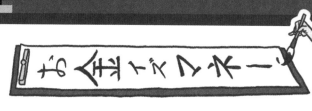

お金に関する漢字には，貝のつくものが多い!!

買う	貨幣	賞金	貯金
費用	財布	資源	質屋
貸す	貧乏	貿易	貴重
賃金	贈る	販売	購入

など

かねへんはあまり使われていない!?

豆知識 「金」には金属の意味があって，金属にまつわる漢字に多いぞ。

銀	銅	鈴	銭	鉄	針

銀貨や銅貨などの貨幣も金属で作られたから
金へんが使われているぞ。

92

一万円札の「一」の漢字は「壱」と書いてある!!

この数字は，大字とよばれるもので，数字を書きかえられないように使われているんだ。

大字

壱万円
あげます。

大字だと
書き足せない！

漢数字

十万円
あげます。

一本書き足せば，
数字を書きかえられる。

漢数字	一	二	三	四	五	六	七
大字	壱	弐	参	肆	伍	陸	漆
漢数字	八	九	十	百	千	万	
大字	捌	玖	拾	佰	仟	萬	

日本のお金の歴史

94

今から約 1300 年前のこと（飛鳥～奈良時代）

その昔，日本には貨幣が存在しなかった。
昔のえらい人は，外国で貨幣がつくられていることを
知り，日本でもつくってみることにした。

▲富本銭　　　　　▲和同開珎

しかし人々は貨幣の価値がわからず，あまり広まらな
かった…。

95　4章 お金のことを知って，うまく使おう

外国では，貨幣が日常で使われていたため，外国との貿易を通して貨幣を輸入するようになった。

ほしいなら これ使ってね

外国の品物 ください

▲宋銭

▲永楽通宝

やがて，庶民の間にも貨幣の価値が知られ，使われるようになったぞ。

きょうは 今日は 魚が安いよっ

お店を経営したりお金を貸したりするさまざまな商売が生まれたよ。

今から約400年前のこと（江戸時代）

やがて日本でも，ふたたび硬貨がつくられ，普及するようになった。最初は地域によってばらばらのものが使われていたが，やがて単位や形が統一されていったぞ。

両・分・朱

日本全国でこれを使うのじゃ。

▲慶長小判

そして，全国各地で硬貨がつくられた。

トンチンカン♪

▲寛永通宝

▲南鐐二朱銀

 ポイント

このころの硬貨は，お金の種類によって同じ重さ・大きさでも価値が違うので，統一の交換比率がつくられたぞ。

 例

金貨（小判）1枚
＝
 銀貨（一分銀）4枚
＝
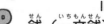 ×4,000 銭（一文銭）4,000枚

現在の貨幣制度の基礎となる新貨条例が出されたぞ！
税も米で払っていたものがお金で払うようになった。

円・銭・厘

今日からこれで。

円が使われ始めた。

両・分

紙幣もつくられる
ようになった。

▲一円金貨　　▲五十銭銀貨

ポイント
当時，1円の価値がものすごく高く，現在の2万円に相当した。同じ円でも，時代によって，少しずつ価値が変化してきたぞ。

▲明治通宝札

98

今までに こんなお札がありました

◀百円札
日本最大の紙幣
縦13cm，横21cm あったぞ。

ハガキより
おおおお
大きいー！

▶一円札（二宮尊徳）

昔は紙幣だったのか

▲一万円札（聖徳太子）

▲五千円札（聖徳太子）

▲千円札（伊藤博文）

▲五百円札（岩倉具視）

見たことあるやっ？

▲一万円札（福沢諭吉）

▲五千円札（新渡戸稲造）

▲千円札（夏目漱石）

出典：日本銀行ホームページより

ポイント

これらの紙幣の中には，現在でも使えるものがあるぞ。

豆知識

最も多くお札に登場したのは…

1位　聖徳太子　　計7回

2位　菅原道真　　計6回

　　　和気清麻呂　計6回　だ！

みんな大昔の人物で，日本の歴史で活やくしたぞ。

お年玉は昔おもちだった!?

昔お年玉は神様に魂を入れてもらうためのお供え（おもち）だったと言われています。

やがて，神様ではなくその家で家主（一番えらい人。昔はおじいちゃんやお父さん）が子どもにおもちをあげるようになり…

現代

現在のように，おもちではなくお金をあげるようになったと言われています。

お年玉をもらう時はマナーも大切だぞ！

① お年玉をもらってもその場で開けないようにしよう。

② お年玉をくれた人にはきちんとお礼を言おう。

③ もらったことはおうちの人に伝えよう。

④ お年玉がほしい気持ちは心の奥にかくしておこう。

知って得するお正月のお金豆知識

● 初もうでのおさいせんには意味がある？

おさいせんは，供える金額，小銭やお札の種類によって，
意味があるとされています。

例えば…

五　円	五円×3	一万円札

ご縁があります
ように。（五円）

十分ご縁が
ありますように。
（十五円）

円満に過ごせ
ますように。
（円万）

※諸説あります。

● そもそもお正月はできるだけお金を使わないようにしよう

一月一日にお金を使う
と，その年は，財布から
お金が出ていきやすいと
言われています。

買い物は年末に済ませておこう。

ポイント

お正月は，お年玉をもらったり，おさいせんに使ったり，
いつもとちがうことが多いぞ！　おこづかい帳で管理す
ることが大切だ。

106

硬貨と紙幣のちがい

こんなときは紙幣を使おう !!
➡ 多額の買い物をするとき

こんなときは硬貨を使おう !!
➡ 少額の買い物をするとき

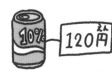

上手なおつりのもらい方

かずちゃんのお財布の中

1000

● 540円のものを買う場合

1,000円札を出すよりも

1000 − 540円

=おつり 460円

➡ 1,040円出した方が
おつりがスマート

1000 − 540円

=おつり 500円

● 526円のものを買う場合

1,000円札を出すよりも

1000 − 526円

=おつり 474円

➡ 1,031円出した方が
おつりがスマート

1000 − 526円

=おつり 505円

これでさいふも
スッキリさ!!

硬貨のつくり方

硬貨はこんなに手間をかけて
つくられてるんだ。

1 原料（銅やニッケルなど）
を溶かして金属板をつくる

3 円形にふちをつけて洗う

2 金属板を硬貨の形にうちぬ
いて円形※をつくる

4 円形に模様を圧印機でつける

5 圧印後の硬貨

※硬貨の形にうちぬいたものを円形といいます。

ポイント 硬貨は機械の流れ作業でつくられており，傷のあるもの
などが出回らないようになっている。

10円だろうと
100円だろうと
大切にしなきゃ
いかん。

シュワワワ

私の10円〜

Meat

硬貨にはこんな種類があります。

五百円玉（おもて）

桐の葉と花がえがかれている。細かい加工がいたるところにほどこされている。

百円玉（おもて）

桜がえがかれている。デザインはこれまで鳳凰➡稲穂➡桜と変わった。

五十円玉（おもて）

菊の花がえがかれている。穴は偽造防止などのねらいがある。

十円玉（おもて）

京都にある平等院鳳凰堂がえがかれている。

五円玉（おもて）

稲は農業，横線は水で水産業，穴のまわりは歯車で工業を示している。

一円玉（おもて）

若木とよばれるこのデザインは一般公募され，約2,500もの中から選ばれた。

112

いたんだ硬貨のゆくえ

古くなった硬貨は集められる！

一度溶かしてつくり直す！

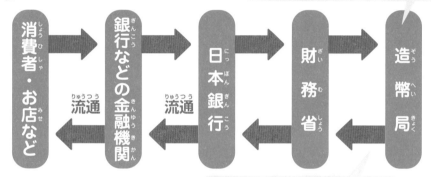

| 消費者・お店など | ← 流通 ← | 銀行などの金融機関 | ← 流通 ← | 日本銀行 | ← | 財務省 | ← | 造幣局 |

再利用で新しいお金になる

ポイント 古い硬貨はリサイクルされている。そして新品の硬貨に生まれ変わる。

硬貨を傷つけると罰せられる!?

硬貨を傷つけると日本では…

例えば…

穴をあける

燃やす

貨幣損傷等取締法が適用される。

違反した人は1年以下の懲役 または20万円以下の罰金になる!!

※マジックのために硬貨を加工して逮捕された人もいる。

ポイント 貨幣損傷等取締法の対象となるのは，硬貨（記念硬貨もふくむ）のみ。紙幣は対象とはならないが，破ったり，落書きしたりせずに大切にあつかおう。

114

硬貨を変形させても罪にならない国

> 日本では罪になる硬貨の加工を禁止していない国もある。

アメリカ合衆国では，1セント硬貨を押しつぶしていろいろな模様にデザインすることができる「ペニープレス」という機械が観光地などに設置されている。
※ペニー…1セント硬貨のこと。

▼ペニープレス

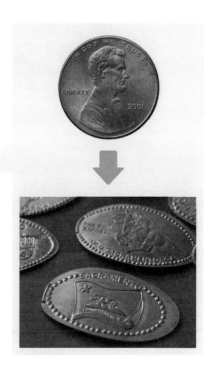

五百円玉を守る偽造防止技術

外周部の小さな字

実は，とても小さく「JAPAN」の文字が刻まれているんだ。

3種の金属板を組み合わせ

異なる3種類の金属板を使用して製造されているぞ。

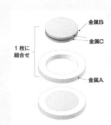

金属B
金属C
1枚に組合せ
金属A

世界初の異形斜めギザ

側面に斜めのギザギザが刻まれている。しかも，斜めギザの一部を他のギザとは異なる形状にしているんだ。

数字が見え隠れ？

見る角度によっては「500YEN」「JAPAN」の文字が浮かび上がるぞ。

ポイント

これらの高度な技術によって，五百円硬貨の偽造が防がれているんだ！

百円玉が293億円分⁉

1年間に発行された量 (2022年)

百円玉

およそ **2億 9,327万枚**

つまり

293億 2,700万円分

ポイント 1年間に発行される硬貨の枚数は，その年によって異なるぞ。

ちなみに…

十円玉

およそ
1億 2,987万枚

およそ
13億円分

五百円玉

およそ
3億 247万枚

およそ
1,512億円分

（造幣局資料）

発行されました。

一万円札の人

渋沢栄一

明治・大正時代の実業家。明治時代初めには新しい国づくりに深く関わったんだ。

その後，実業家として第一国立銀行（現在のみずほ銀行につながる）など約500社の企業を設立・経営したぞ。

出典：国立印刷局ホームページより

五千円札の人

津田梅子

女子教育家で，6歳のときに日本最初の女子留学生としてアメリカに渡ったぞ。

帰国後，女子英学塾（のちの津田塾大学）を創設したんだ。

出典：国立印刷局ホームページより

千円札の人

北里 柴三郎
(きたさと しばさぶろう)

出典：国立印刷局ホームページより

東京大学医学部を卒業後，医学を勉強するためにドイツへ行った。

いざドイツへ

破傷風とよばれる感染症の予防・治療への道を開くなど，医学の発展に貢献したぞ。

ムムッ

グイィィィィィッ

楽な方法などない！

アフロ先生，どうしたらお札に選ばれるの？

楽な方法教えておくれよ。

ポイント お札に描かれる人物は，さまざまな分野の発展に貢献し，知名度のある人が選ばれるぞ。

お札の肖像画に選ばれるポイント

- 日本を代表する人物であること。
- 国民から尊敬される人物であること。
- きちんとした写真が残っていること。
- 人目を引く特ちょうのある顔であること。

カシャッ

今のうちに写真をとっとこう

ポイント そもそもお札の肖像画は偽造防止のために使われるんだ。

オレのようにビッグにならないとな！

アフロ先生…。

あーちょっとちょっと。

困るよ勝手に穴あけちゃぁ…。

す、すみません…。

ごめんなさい…。

ちっさ…。

………。

金のつく地名

金沢（石川県）

昔，藤五郎という青年が，山芋についた砂金を泉で洗い，その泉が「金洗沢」とよばれたことが由来。

銀座（東京都）

江戸時代に貨幣をつくる「銀座」があったのが由来。
※「銀座」は各地にあったので，今でもたくさん地名に残っているぞ。

神奈川（神奈川県）

昔，ヤマトタケルノミコトという人が，川から船に乗ったとき，剣が水面にうつって，金色にかがやいたことから，「金川（神奈川）」とよばれるようになったといわれている。

他にもこんな地名がある!!

- 金井（群馬県）
- 白金（東京都）
- 金山（愛知県）
- などなど

122

5章

お金と社会の関係は？

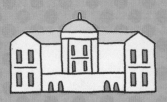

景気を何とかしたい ①

あー、不景気で給料が上がらないよ。

うちの会社も景気がよくなくて…。

かずのおこづかいも考えなきゃ。

ヤバイ…。

何してんだ…?

エロイムエッサイムエロイムエッサイム…

黒魔術!

何のために?

景気をよくしたいの!!

ジャマしないで!!

そんなことしたってムダだ。

なんでよ!?

景気が良い・悪いってどういうこと？

景気の良い状態（好景気）

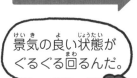

たくさんの
ものが売れる

会社がもうかる

景気の良い状態が
ぐるぐる回るんだ。

たくさん
買い物をする

従業員の
給料が上がる

景気の悪い状態（不景気）

ものが
売れない

会社がもうからない

景気の悪い状態も
ぐるぐる回るぞ。

あまり
買い物をしない

従業員の
給料が下がる

それじゃあ景気が悪いのがずっと続いちゃうじゃん。

あわてるな
景気は変化する

景気の変動

好景気

たくさん
ものをつくる。

ほしい人が増えて，
ものがだんだん
売れるようになる。

みんなが持って
いるようになって，
あまり売れなくなる。

不景気

ものをつくる量を
減らす。

ポイント
景気はよくなったり悪くなったりをくり返しているんだ。

景気を何とかしたい②

財政政策ってこんな感じ

国（政府）

税金を使って
道路や橋をつくるぞ!!

道路や橋をつくるという
仕事ができる

やとってもらったぞー。

もらった給料で
買い物をするようになる

ほしいものが買えるぞー。

建設に使う道具や材料が
売れる

製品が売れてもうかったぞー。

もうかったお金で
事業拡大

人手を増やすよ。　工場を建てるよ。

景気回復へ

金融政策ってこんな感じ

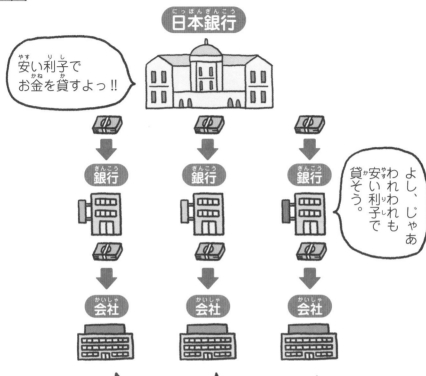

日本銀行

安い利子で
お金を貸すよっ!!

銀行　銀行　銀行

よし、じゃあわれわれも安い利子で貸そう。

会社　会社　会社

よし，利子が安いので
たくさんお金を借りて事業を拡大しよう。

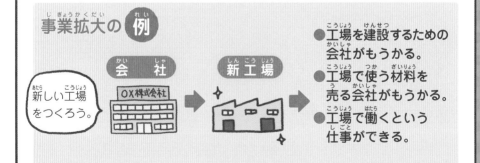

事業拡大の 例

会　社 → 新工場

新しい工場をつくろう。

OX株式会社

●工場を建設するための
会社がもうかる。
●工場で使う材料を
売る会社がもうかる。
●工場で働くという
仕事ができる。

昔よりも値段が高くなっている!?

現代と昔では，1円の価値がちがうので，商品の値段も全くちがっているんだ。

1円の価値の変化

明治
1900年ごろ

戦後
1945年ごろ

現代

大金だったね
10000
10000

これぐらいあると う れしい
100

ぼきんしょう
ぼきん箱

（現在の2万円くらい）　（現在の100円くらい）

物価のうつりかわり

電車賃（山手線初乗り）

明治
1900年ごろ

戦後
1950年ごろ

現代

約5銭（ $\frac{5}{100}$ 円）　約10円　約150円

コーヒー一杯分

明治	戦後	現代
1900年ごろ	1950年ごろ	
約3銭	約30円	約420円

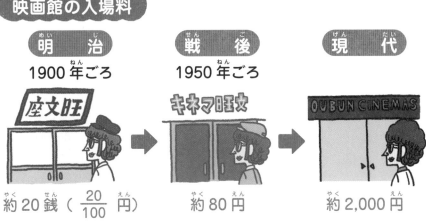

映画館の入場料

明治	戦後	現代
1900年ごろ	1950年ごろ	
約20銭（$\frac{20}{100}$円）	約80円	約2,000円

物価に優等生がいる!?

物価が昔と変わらず変動が少なかった卵は「物価の優等生」とよばれていたぞ。しかし，エサの値段が上がったことや鳥インフルエンザの流行などで，急に値上がりしてしまったんだ。

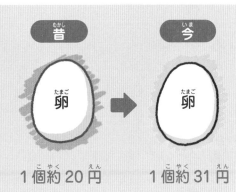

昔	今
卵	卵
1個約20円	1個約31円

※2024年1月現在の情報を元にしています。

またこんな点数とって！今月はおこづかいなし！

どうしよう…今月のゴロゴロコミックが買えない…。

10

というわけなんだ。

なるほど。それなら会社をつくってもうけるってのはどうだ？

そんなこと言ったって会社をつくるお金がないよ。

問題ない！

株を発行して株式会社をつくるという手がある。

134

株式会社のしくみ

会社をつくるためにはお金が必要！なので…

● 株を発行して買ってもらう

会社をつくります！

もうかるようにしますから！

❶会社に対してお金を出す。

お金　　株

❷出したお金に応じて株をもらう。

← この人たちが
株主とよばれる。

● もうけが出たら，会社はもうけの一部を株主に分ける

もうかりました！

みんなに分け前を配ります。

配当

❸会社はもうけの一部を株主に分ける。

株　主

ポイント 株式会社では，お金を集めるために株を発行し，もうけが出たら株主に分配しているんだ。

株主が出席できる株主総会って？

株主総会は
とっても重要な
会議なんだ。

株主総会

● 会社の経営方針を決定する。
● 配当を決定する。
● 役員を選任する。

↑
出席

↑
出席

株　　主

会社役員
（社長・専務・常務など）

ポイント 株主総会では，社長などの役員を選んだり，クビにしたりすることができる。

おもな国の通貨

アメリカ合衆国

ドル ➡ $

中国

元 ➡ ￥

イギリス

ポンド ➡ £

EU（ヨーロッパ連合）

ユーロ ➡ €

韓国

ウォン ➡ ₩

タイ

バーツ ➡ ฿

世界にはたくさんの種類のお金があるんだぜ〜。

そうなんだ〜。

　　　※ 2024年1月現在の情報を元にしています。

海外で買い物するときはどうする？

● 円は使えないので事前に円をその国の
お金に両替しておく。

> **例** 1ドル＝120円の場合，5万円を両替すると
> 5万円÷120円で約420ドルになる。

● クレジットカードはそのまま海外でも
使えることがある。

円とドルの交換比率は毎日変わるんだ。

1ドルが140円になったり100円になったりするぞ。

お金の価値は変化し続ける。

国の景気や状態によってお金の価値は変わっていくんだ。

為替レート

円安
1ドル＝140円

1ドル＝120円

1ドル＝100円

円高

※2024年1月の情報を元にしています。

ペロリンチョ

円高、円安って何なの？

ポイント

通貨の交換比率のことを外国為替相場という。

円高, 円安って何？

1ドルを手に入れるのに…

1ドル= 100円

$1
=
(10)(10)(10)(10)
(10)(10)(10)(10)
(10)(10)

これだけで
すんだ!!

1ドル= 140円

$1
=
(10)(10)(10)(10)
(10)(10)(10)(10)
(10)(10)(10)(10)
(10)(10)

こんなに
かかった…!!

同じ1ドルで 40円もちがう！

この場合

円の価値が高い ➡ 1ドル= 100円 ➡ 円高
円の価値が低い ➡ 1ドル= 140円 ➡ 円安

※ 2024年1月の情報を元にしています。

142

円高と円安のメリット・デメリット

円高
100円

1ドル 120円

140円
円安

メリット 輸入品が安くなる

メリット 海外旅行の滞在費が安くなる

デメリット 日本の商品が海外で高く売られる（売れにくくなる）

デメリット 輸入品が高くなる

デメリット 海外旅行の滞在費が高くなる

メリット 日本の商品が海外で安く売られる（売れやすくなる）

※ 2024年1月の情報を元にしています。

関税って何だろう？

> 外国からの輸入品にかけられる税金を関税というんだ！

関税はなぜ必要？

例えば… 牛肉の場合

国産和牛

1,500 円

外国産牛

1,000 円

安い外国産牛が売れて高い国産和牛が売れにくくなり，
国内の牛肉産業はダメージ!!

⬇

そこで外国産牛に関税をかけると…

国産和牛

1,500 円

外国産牛

1,000 円＋関税 385 円
＝ 1,385 円

価格の差を縮めることで，国産和牛の競争力が
高まり，国内の牛肉産業を守ることになる。

免税店とは…？

税金がかかる前の商品を売っているお店。
つまり関税がかけられていない状態の
外国の商品を売っているので安く買える!!

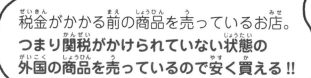

免税店	一般のお店

10,000 円	11,500 円（関税 1,500 円）
	※関税率 15％の場合

免税店で買うと，一般のお店よりも 1,500 円安い!!

ポイント
免税店は，空港や観光地にあることが多い。空港では，出国審査場を出たところにあるので，基本的に，外国に行くときじゃないと行けないぞ。

知っているとお得!?
世界のお金事情

国によって，物の値段がちがう!?

国によって経済状態がちがうので，同じ商品でも
値段がちがう場合があるぞ。

	日本	中国	アメリカ合衆国	ブラジル
ハンバーガー	約 **468** 円	約 **517** 円	約 **824** 円	約 **711** 円
オレンジ1kg	約 **586** 円	約 **241** 円	約 **634** 円	約 **138** 円
バスの運賃	約 **210** 円	約 **61** 円	約 **375** 円	約 **145** 円

※日本円にした場合。 ※2024年1月の情報を元にしています。

国によって差があるんだね。

外国では，チップを払わなければならない!?

外国では，国によってホテルやレストランのサービスに対して，チップという，料金とは別のお金を支払う習慣があるぞ。こういう国に旅行したときは，チップを快くわたしてあげよう。

1つの会社がつぶれると，他の会社にも影響が出る!?

現代では，外国の会社と株のやり取りをしたり，商品の売り買いをしたりするのは当たり前のこと。しかし，つながりを持っているからこそ，1つの会社がつぶれると，世界中の他の会社に影響をあたえることがあるぞ。

お金にまつわる四字熟語

一攫千金
いっかくせんきん

大金を一度で簡単に手に入れること。

二束三文
にそくさんもん

数は多いのに，値段がとても安いこと。

一刻千金
いっこくせんきん

少しの時間でも，千金に値するほど貴重だということ。

一紙半銭
いっしはんせん

紙一枚と銭五厘のように，ごくわずかなもののたとえ。

一字千金
いちじせんきん

文章や文字がとても優れていること。

一擲千金
いってきせんきん

大金をおしむことなく一気に使うこと。

財多命殆
ざいためいたい

財産が多いと，命をねらわれる危険があること。

6章

大人になったら…

税金とは…

みんなが生活する上で必要な設備などを整えるため，
みんなから集めるお金のことだ！

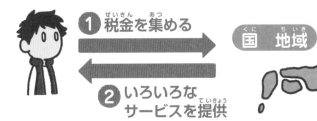

1 税金を集める

国　地域

2 いろいろな
サービスを提供

主にこんな税金があるぞ

所得税
お給料をもらうときに
かかる税金

住民税
住んでいる地域（地方自治体）
に払わなければならない税金

酒税
ビールなどのお酒に
かかる税金

自動車税
自動車を持っている人に
かかる税金

税金の使われ方

警察署や消防署の運営費

学校の設備や教科書をつくるためのお金

病院の治療費

（一部，国が税金から負担してくれています。）

ごみの収集・処理のお金

152

もし税金がなかったら…

救急車や消防車を
呼ぶのにお金がかかる

学校の設備が
ボロボロになる

病院の治療費が
高くなる

ごみの収集に
お金がかかる

コレが！ 消費税のしくみだっ！

ノートください → 110円払う → 110円です 文具店 → 10円納税 → 国

ものを買うときに払った税金を，お店が代わりに国に納めてくれる。

ポイント

消費税は，高齢者の医療費や子育て支援など社会福祉のために導入されたんだ。

消費税は上がってきているんだ。

いい質問だ。

そういえば、消費税がもっと安かったと聞いたことがあるんだけど…。

消費税は 1989 年に導入された税で，
当初は３％だった。

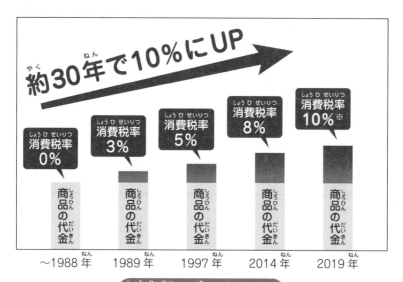

約30年で10％にUP

消費税率 0%	消費税率 3%	消費税率 5%	消費税率 8%	消費税率 10%※
商品の代金	商品の代金	商品の代金	商品の代金	商品の代金
～1988 年	1989 年	1997 年	2014 年	2019 年

消費税が上がると…

デメリット

●買い物で支払う
金額が増える

メリット

●ケガをしたとき
などの保障が充実

●老後の生活がよくなるかも

ポイント 消費税は，少子高齢化にともない今後も引き上げられる
可能性があるぞ。

※食料品や新聞などは軽減税率の対象とされ，消費税率は８％にすえおかれています。

158

国の歳入（収入）の多くは，私たちや企業が払う税金だ。しかも税収（集めた税金）よりも歳出（使う分）の方が多く，今の日本は，赤字状態なのだ！

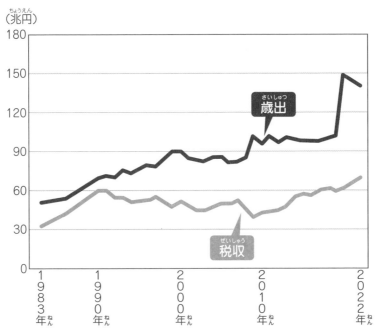

（兆円）

歳出

税収

家計と似てるね

国や地方公共団体が，集めた税金などの収入を国民生活のために使うことを財政というんだ。

よみがえる梅干し生活…！

財政が赤字なのにどうしてお金が使えるの?

それは国が借金をしているからさ。

借金!?

財政を補う国債

使いたい分

税収	足りない分

税収で足りない分は国が国債（借りたという証明書）を発行して銀行や個人からお金を借りるのだ。

借りたお金

お金 ↑↓ 国債　　お金 ↑↓ 国債

個人

銀行

ポイント

●国だから必ず返してくれるという安心感がある。

●利子が受け取れるのでもうかる。

毎年「国債費」として，借金を返しているものの，借りる分が多くて，借金は増え続けているのだ。

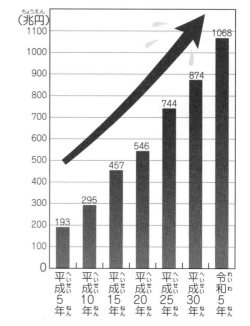

（兆円）

年	兆円
平成5年	193
平成10年	295
平成15年	457
平成20年	546
平成25年	744
平成30年	874
令和5年	1068

ポイント 国債が増え続けると本当に返せるかどうか心配する人たちもいるぞ。

まあ、これをどうにかするには、政治家になっていいアイディアを出さなきゃいけないんだがな。

国を救うためには、政治家になる必要があるのか!!

ごめん、そこまで重くない…。

え⁉

年金とは…？

お年寄りや障がいを持っている人など自立して生きていくのが難しい人を社会全体でささえるしくみ。

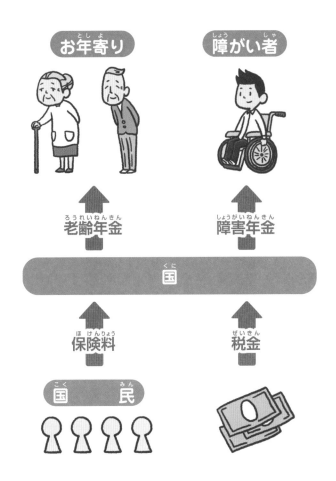

ポイント
20歳以上の国民は，加入が義務付けられている。
10年以上保険料を払えば，65歳から年金を受け取ることができる。（2024年1月現在）
※払った金額や期間によって，受け取れる年金額は変わります。

大事なのは，今払いこまれている保険料が，そのまま年金として使われていることだ。だから，この先，子どもの数が減ってお年寄りの数が増えると…

例 お年寄りひとりあたり月15万円年金支給の場合

2005 年度

2.9人でひとりのお年寄りを支える

若者ひとりは約5万円の負担！

2030 年度

1.8人でひとりのお年寄りを支える

若者ひとりは約8万円の負担！

2050 年度

1.4人でひとりのお年寄りを支える

若者ひとりは約11万円の負担！

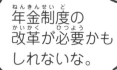

お年寄りを支える人が減っているね。

年金制度の改革が必要かもしれないな。

6章 大人になったら…

他にもあるぞ社会保障

社会保障って…？

みんなが健康にくらすために，国が最低限度の生活を保障してくれる制度だ。
大きく分けて４つあるぞ。

社会保険

病気やケガをしたとき，失業したとき，年をとって働けなくなったときに受ける。

医療保険

雇用保険

年金保険

公的扶助 収入が少なく生活に困っている人が受ける。

生活扶助

教育扶助

住宅扶助

社会福祉 高齢者や障がい者，子どもなど，自立が難しい人が受ける。

老人福祉

母子福祉

児童福祉

公衆衛生 感染症の予防や上下水道の整備などをする。

感染症対策

下水道の整備

ごみの処理

予防接種

お金（かね）持（も）ちになりたい

今（いま）までいろいろ勉強（べんきょう）してきたけど結局（けっきょく）お金（かね）持（も）ちになるためにはどうしたらいいのさ!!

うんうん

お金（かね）持（も）ちになることが幸（しあわ）せになることじゃないぞ。

でも…。

どうしてもお金（かね）持（も）ちになりたいと言（い）うなら…

必要（ひつよう）なものは次（つぎ）の３つのうちのどれかだ。

パチン

① 運

宝くじを当てる

ギャンブルで
大穴を当てる

親が金持ち

など

ポイント　これは無理なことの方が多い。期待するな‼

② 才能

才能を生かしてお金持ちになる

野球選手

サッカー選手

お笑い芸人

芸術家

ポイント　才能があればいいのだが、ないこともある‼
注意しろ‼

全然ダメじゃん！運も才能もない人はお金持ちになれないのかよー！

チッチッチッ

あわてなさんなって

だれでもお金持ちになれるチャンス！

それが最後の1つ！「努力」だ!!

③ 努力

コツコツ勉強して 高い給料がもらえるようになる

1+2は…

コツコツ練習して プロのスポーツ選手に

20万8970！
20万8969！
ブン

むだづかいせずに **コツコツ貯金する**

ちゃりん
今月分！
100万円貯ま 貯金箱
など

170

集まってもらったのは
ほかでもない。

お別れの時間だ。

みんなのがんばりを見ていて
オレももう一度がんばって
みることにした。

だからもう
ここに来ることもないだろう。

アフロ先生はそのあとも
私（わたし）たちにたくさんの話（はなし）をしてくれた。